独冠天下

Du Guan Tian Xia

山西·高平铁佛寺造像

侯楠山/著

南山供秀/出品

山西出版传媒集团 三晋出版社

—题字—

金申

中国艺术研究院美术研究所研究员
中国美术家协会会员
古代佛教美术史及佛教文物鉴定专家
中央电视台《寻宝》节目点评专家

1949年出生于北京，回族，毕业于内蒙古师范大学美术系。1968年在内蒙古上山下乡，之后在日本东京艺术大学研究佛教美术多年。一直从事佛教美术考古及文物鉴定，为中外大专院校和文博单位授课，桃李天下。文物著述三十余种，在学术界有一定影响。擅画达摩类佛画，对草原人马有深入体会，画风刚健，独树一帜，在美术圈及艺术市场颇受好评。

相由心生 境由心造

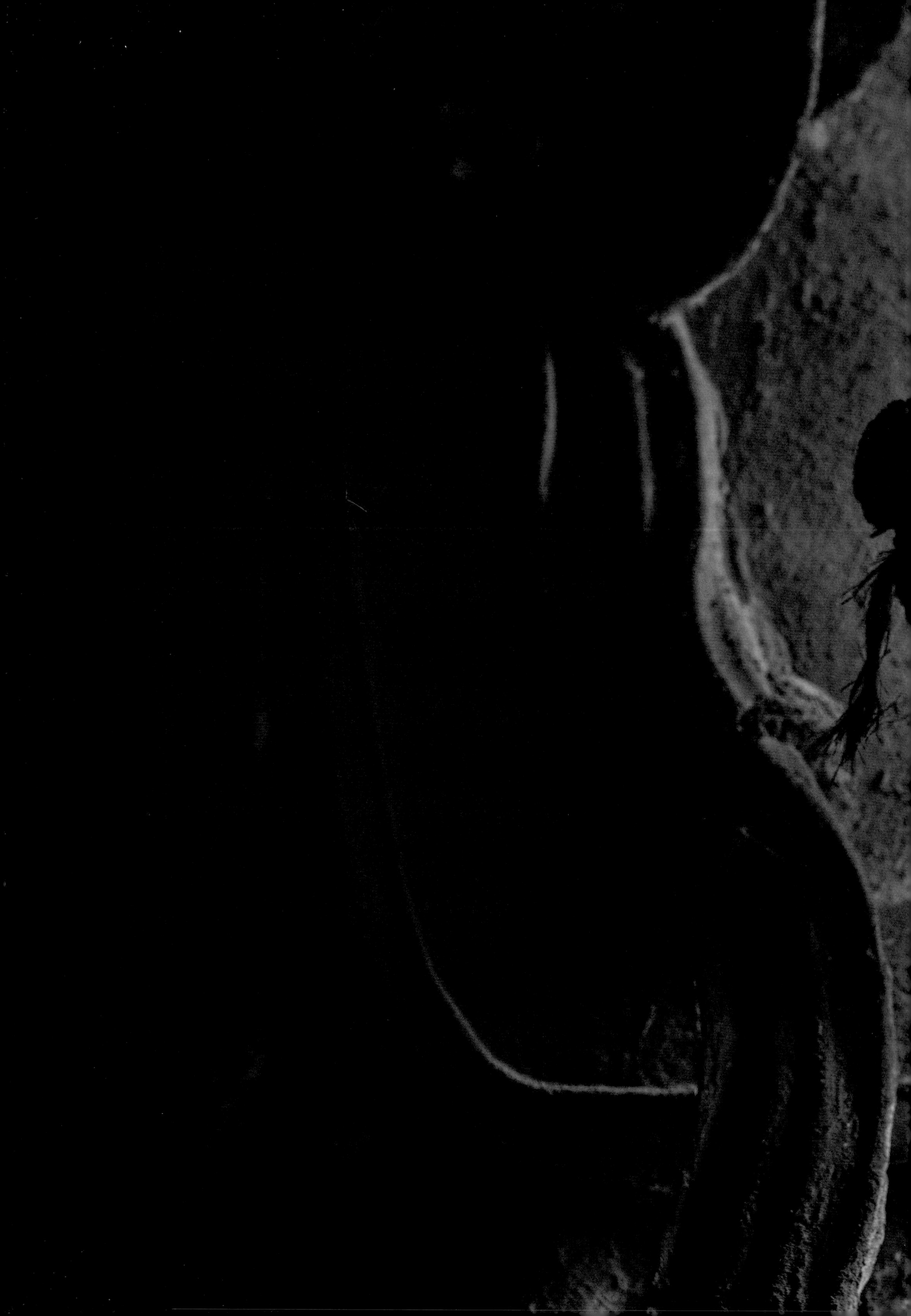

每一件佛教文物都具有艺术性和佛法的生命，
当你注视他，
你将被其触动……

目录

012 代序 扫却尘封，重睹法义

018 自序

020 铁佛寺

023 诸佛

043 诸天

044 二十四诸天

050 大梵天

056 帝释天

060 大辩才天

064 摩利支天

068 东方持国天王

072 北方多闻天王

076 南方增长天王

082 西方广目天王

086 日宫天子

090 月宫天子

094 金刚密迹

098 韦驮天

104 紫微大帝

108 鬼子母天

112 大自在天

116 罗刹天

120 菩提树神

124 大功德天

128 深沙大将

134 散脂大将

140 娑竭罗龙王

144 阎魔罗王

148 昭惠真君

152 崇宁真君

158 后记

Contents

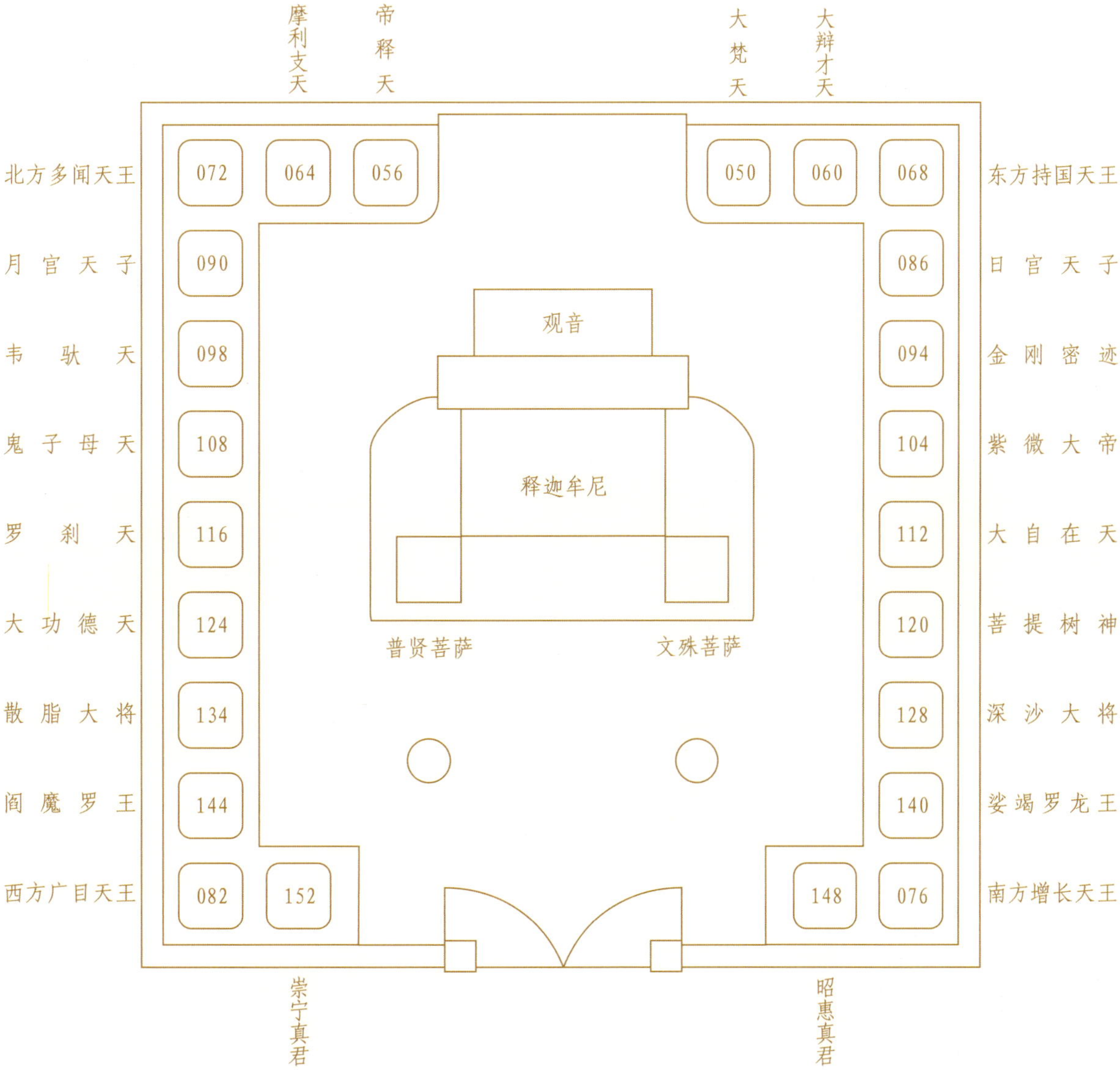

摩利支天
帝释天
大梵天
大辩才天
北方多闻天王 072 064 056
050 060 068 东方持国天王
月宫天子 090
086 日宫天子
韦驮天 098
094 金刚密迹
鬼子母天 108
104 紫微大帝
罗刹天 116
112 大自在天
大功德天 124
120 菩提树神
散脂大将 134
128 深沙大将
阎魔罗王 144
140 娑竭罗龙王
西方广目天王 082 152
148 076 南方增长天王
观音
释迦牟尼
普贤菩萨
文殊菩萨
崇宁真君
昭惠真君

代序

扫却尘封，重睹法义

佛教自西汉末年传入中国，在中国文化的背景下，经时间与空间的酝酿，佛教已不仅仅是舶来品，而成了中国文化的一部分。佛教造像艺术起初在释迦牟尼的正法时代并不提倡，仅以佛印和莲花略表佛法的实证，到公元前后的像法时代，为了广泛地宣传佛法而开始刻造佛像，其中以犍陀罗风格为尚，随后连同佛经一并传入中国，其审美形象和艺术风格也如佛法一样，从南北朝到隋唐逐步与中国的儒道文化融合，渐次开始了佛教中国化的发展。

山西这片土地，因地貌相对封闭、干燥缺水，民间信仰繁盛热烈，百代不绝，祭祀场所频立，进而不断充盈着山西人的彩塑供需。塑造寺观造像，在具体排布上，一般要着力体现佛陀、菩萨、老君、大帝等诸善具足的庄严相好。同时还要造作威严灵怪、叱咤风云的护法，以期恩威并施，统摄人间。其间，还有飞天、仙子繁丽隐现，适时装点，协调整堂彩塑的韵律之美。

在晋城一带，庞大的手工匠人群体以“九头十八将”之称世代相传，他们将手工泥塑和彩绘等手艺作为谋生之本。作为一门吃饭的手艺，古代画塑工匠多依据粉本创作，这种“守师本”的做法大体不会让其失去生存的基础。但这些手艺人中总有超凡脱俗者，在千百年的师承中加入个人的独特风范和审美旨趣。这种不断破立的具有个性化表达的艺术创作随着年深日久而留存稀少，在今人看来，它们迥异于他处的表现，令人感到困惑，甚而迷惘。那种陌生又熟悉的、共性与个性兼具的气息，总带有一种超越审美之外的震撼。在很多人眼中，高平铁佛寺的二十四诸天，无疑正是这其中最激荡人心的案例……

山西大地上诸天造像题材的作品明显少于其他佛教群像。现存的诸天像大多以较小型的彩塑、壁画作品为主，类似于高平铁佛寺这样尺寸高大、数量完整、工艺精湛的诸天像在山西境内除大同善化寺外并不多见。

关于诸天，要追溯到隋代天台宗的智者大师依据《金光明经·功德天品》制定的《金光明三昧忏法》。这份经典后代简略成《斋天科仪》。其中依《金光明经·鬼神品》等所说，

范增
奥地利维也纳国家美院艺术人类学、艺术哲学博士
奥地利欧亚艺术文化产业促进会副会长
青岛艺术品交流协会副会长
维也纳Christian艺术画廊国际签约画家
欧洲古典艺术品、佛教艺术品收藏家（师从金申老师）

选下二十位天神，成为佛教护法二十诸天。到了明代，又增入四位。

这些诸天大多出身于印度，比如大自在天即湿婆；有些诸天出现的时代比释迦牟尼要早，且神可通天，比如最初的太阳神侍女摩利支天后来成了身份尊贵的战神。佛教传布后，印度教诸神重披战袍，被纳入佛教的护法体系中，这些印度教的神祇被大量借鉴，以充实佛教自己的神谱体系。之后佛教东传，经过中亚来到中国后又有递嬗。最终，汉文化兼收并蓄的巨大能力令其归化。

自宋代儒释道三家合一以来，不论文献还是艺术表现都呈现了非常鲜明的民间化倾向，在千余年佛道相鉴相斥的发展中，二教相互借用、彼此融合，终于在明代产生了二十四和二十八天。

历来铁佛寺断代以金代、明代嘉靖、万历年的明确题记为主要依据，亦有学者根据服饰断代为元末明初……明代造像为着力免除元代造像风格的影响、复兴汉皇正朔的气度，往往将寺观造像塑造得更为庄严工整。铁佛寺二十四诸天造像五官集中、表情夸张，虽然符合汾阳太符观以及善化寺金塑的某些共性，但在整体气韵的娴熟表现上似乎更接近于明代，它与同时期同题材的造像表现和空间布局都呈现出趋同的时代气息。毕竟整堂诸天的遗存还是太少了，对于孤例的总结总让人有力不从心之感。

王树村在《塑神秘谱》中提到，战国时期的雕刻家桓赫就已经总结出鼻目等五官的具体塑造方法。我理解的五官集中在人物塑造的艺术表现上似乎另有深意。铁佛寺二十四诸天造像的一大特点是冠冕和衣褶的表现，有一种不厌其烦的繁琐和华丽，线条在百转千回中着力盘曲，这种细密画一般的表现在面庞之下形成一个灰度的平面，直接反衬出集中的五官之下面庞的白皙与匀净，使造像本身自带玲珑而雅致的光影。如果面部塑造只是中规中矩，难免就被埋没在繁复的铁线之中了，这种雕塑语言用在满堂文气的女神男神们身上，不仅令其光芒凸现，也表达了一种风流诙谐的态度。而对于张力十足的武将们，那就塑造出极尽夸张的面部肌肉，令其眼目睛光四射，散发出摄人心魄的雷霆之怒。

铁佛寺对视觉和心灵的激荡可能会消退，也可能会随着时间的延展而成为一种不愿碰触的乡愁。但思考的问号却似乎永远不能消除。大概这种神秘而无解的特质成了访古者亲临古迹现场的深远动力，或也是楠山以沉重的相机为法器，一路踏歌而行的缘起……

楠山兄生于山西，长于山西，在三晋文化的浸润下，他的那些照片除了光影的美感之外，别有一份虔诚的仰望在里面，这和一般游客在面对佛像时的眼光是决然不同。他在拍摄时巧妙地运用光影的明暗变化，为我们遴选出那些塑像最美的角度和最真切的面容，尽可能地淡化那几百年的隔阂，让人如同亲临，切实地再次感触佛法的悲悯与古人的良苦用心。君不闻《华严经》云："一切诸佛退位，或作菩萨，或作声闻，或作转轮圣王，或作魔王、大臣、居士、长者，或作彩女、宰官，或作大力鬼神、山神、江神、主水神、主火神、一切苗稼神、树神及外道，作种种方便，助我释迦如来化导众生。"

不知古人在塑画这些佛像的时候，会不会想到跨越几百年后，有人用艺术的眼光来审视这些神佛作品，有人通过摄影来重现这些造像，重释他们为表法而洋溢的无穷的摄受力！显然我也是这种感召的受益者，因为我在此能有幸一睹他们之间的对话！让我的心灵也沐浴到了些许法喜！

受楠山兄所托，我不揣冒昧地写了以上肤浅文字，一表对楠山兄的衷心祝贺，二是感激恩师金申先生的倾心栽培！是为记。

辛丑中秋 范增于三国五邑之地

静心生慧，笃志向道，故能生气在物，玄旨在艺。

侯楠山

About the Author

艺术指导、设计师
深圳市平面设计协会 会员
山西省艺术委员会 研究员
山西铁道职业技术学院 特聘导师
太原市美术家协会 主席团委员

1979年生于山西汾阳，
曾就职于正是形象设计，《英语周报》社及合善国际上海公司等。
2008年山西『端午情』高校大学生平面设计大赛评委；
第二届山西省海报大展暨『和平·进步』主题海报展执委会副主席兼秘书长。
现就职于中国移动山西公司，业余时间从事古代佛教造像的学习与研究，师从著名佛像鉴定专家、禅画家金申老师。

主要入选及获奖

2008年 第二十一届波兰华沙国际海报双年展
2007年 第九届伊朗德黑兰国际海报双年展
2006年 日本东京字体设计指导俱乐部年展
2006年 第二届台湾国际海报展 国际评审奖1项、入选2项
2006年 第八届日本富山国际海报三年展
2006年 第四届宁波国际海报展
2006年 第五届国际商标标志双年展 铜奖
2005年 中国之星设计艺术大赛 最佳设计奖1项、优秀设计奖2项
2002年 2010上海世博会100招贴展
2002年 『我爱设计』国际图形设计竞赛 创意奖
2000年 山西省首届『汾酒杯』广告与包装设计大赛 优秀奖4项

主要参展

2008年世界的目光『祈福中国——纪念5·12汶川大地震』全球优秀平面设计邀请展
2008年情系灾区『我们在一起』公益海报展
2008年山西『端午情』高校大学生平面设计大赛展
扇动2007国际扇面设计邀请展
i' m xxx——之我的名片流
2006年『X动力2006』汉字主题国际海报邀请展
2006年瑞士『文山文海』中国文字海报收藏展
2005年第二届山西省海报大展暨『和平·进步』主题海报展
2004年晋商大院海报参展『中国·国际设计博览会』

主要出版物发表

《国际设计年鉴》二〇〇八
《中国设计年鉴》第五卷
《亚太设计年鉴》第三卷
《3030中国新平面设计》
《中国设计机构年鉴》第二卷
《100 × 10 {Episode 2}》100位年轻设计师的1000件作品
《China Graphics·设计年鉴》
《新纪元中国当代设计》

2016年摄于高平铁佛寺

自序

Preface

2016年，在中央美术学院承办的世界艺术史大会特展“华彩之塑”展览上，一批造型奇特、神态逼真的塑像把铁佛寺推向世人面前，一座隐匿于普通村落的小寺庙，从此一鸣惊人。

机缘巧合，有幸一睹铁佛寺的风采。走进米西村一户普通农家，两侧是典型的北方砖瓦房，几串玉米棒子在阳光下呈现出耀眼的金黄色，存放谷物的罐子在院里随意放着，一股浓浓的生活气息扑面而来。院子正中却有一座坐北朝南、面阔三间的大殿，悬山式屋顶和木雕窗棂透露出古朴的气息。门口立着“铁佛寺”省保碑，搬开挡在大殿门口的桌子，推开满是门钉的木门，泥尘在潮湿发霉的空气中蔓延，尘封了400余年的记忆在一片氤氲中被唤醒，一座艺术宝库赫然呈现在眼前……

殿内正中是一佛二菩萨，四周环绕着一组造型奇特的二十四诸天泥塑，造型丰满、表情张扬、性格各异、服饰华美。虽然历经时光流转，依然以精湛的技艺和别致的造型震撼着人们的心灵，让人体会到法相庄严的同时，也给人以艺术的审美感受。

铁佛寺二十四诸天造型夸张而繁缛，极尽奢华。虽然全国寺院中泥塑、壁画保存有不少二十四诸天，但没有一处与铁佛寺的造型相似。山西善化寺、北京大慧寺、北京大觉寺以及长治观音堂等寺观中的二十四诸天塑像及北京法海寺、山西公主寺的壁画中，关于诸天的名称和排序各有歧义，诸天形象更是变化多端，没有定准。在诸天的排列顺序上，铁佛寺将四大天王分立四角，最南端分立崇宁真君关羽、昭惠真君杨戬二天神，这种排列顺序在全国更属独一无二。由于铁佛寺近些年才被人们知晓，对于殿内二十四诸天造像的具体定名及其内涵研究甚少。 因此铁佛寺诸天定名仍存在问题，还望专业人士进一步佐证。

在历史的长河中，外界对铁佛寺一直知之甚少，它隐藏在农家小院，静观朝代更迭，风云变幻。然而20世纪90年代，铁佛寺塑像还是屡遭毒手，部分塑像头和背光悬塑被盗，成为永久的遗憾！

看着如今已是残缺破损、满目疮痍的尊像，心生敬畏又痛心不已。出于对古建与佛教造像艺术的挚爱，我用镜头把这一切记录下来，留住它在这个时代的记忆，让人们记住它原有的风采，也向一代又一代守护这些国宝的普通人致敬！

早在十多年前，游访各个博物馆、石窟、寺观时，我就产生了拍摄整理佛造像的想法，很多朋友却说“网上这些影像资料已不计其数了，拍摄是毫无意义的”，于是，这一想法逐渐被搁浅下来。但是每次在与一尊尊造像眼神交会的瞬间，敏感的神经都会被触动，那种神秘之感、敬畏之情油然而生，让人沉浸其中，想要把它变成永恒。

与历史的无情相比，造像的载体是脆弱的；与时光的流逝相比，造像的美是永恒的。我的行为可能如蚍蜉撼树，但把这一瞬间定格在一张张照片里，让更多人看到它，记住它，是我唯一能做并且愿意去做的事情。

2017年，高平市政府出资对铁佛寺建筑主体进行维修时，在正殿内发现墨书题记，东侧金柱顶部题：“大明国山西泽州高平县十三都米山西里奉佛信男善人涉须室人李氏长男涉存惟谨发诚心喜舍资财许塑妆彩当阳佛并二大菩萨全管金妆永远记耳。”（后一列字迹不清）西侧柱题：“铁佛寺住持僧道才门徒德通法孙圆妙远孙明忠本镇丹青王相男王浩口王子要侄男王春大明嘉靖十五年七月十一日记开光了毕。”

根据以上题记及古建爱好者张建军老师考证，认为此堂塑像为明代作品，所涉的名字在殿外的明万历三年（1575）《重修铁佛寺记》碑刻中有所提及，是嘉靖十年（1531）为寺内捐输粟谷银两的功德主。这堂塑像从嘉靖十年（1531）开工，直至嘉靖十五年（1536）完工开光，时间长达5年之久。泥塑大师可能就是王相、王子要和他们的儿子。

也有学者提出不同看法，认为是元末明初塑造，但根据大殿建造年代也有人认为是金代塑造，后世重装。

铁佛寺位于晋城高平市区东南5公里的米西村，与长平古战场大粮山的定林寺相距不远。米西村为米山镇政府所在地，据记载，“赵将廉颇积米于此”，故得名米山。米山历史悠久，唐高祖武德元年（618），曾于此置盖州，辖高平、丹川、陵川、盖城四县。米山镇现为山西省历史文化名镇，镇内文物古迹众多。

铁佛寺之所以叫铁佛寺，是因寺内曾经铸有铁佛。据说铁佛已于1958年大炼钢铁时被化为铁水，无迹可寻。铁佛寺创建年代不详，据正殿大门左侧青石门墩枕侧面所刻题记“记大定七年（1167）七月十一日铸造铁佛，修铁佛寺，嘉靖元年（1522）十一月初八日重修，住持僧人道才徒德通法孙圆妙，施主殷子名牛瑀赵赟”，以及殿外明万历三年（1575）《重修铁佛寺记》碑刻可知，正殿建于金代，以后历代屡有修葺。

铁佛寺现存正殿、东西厢房及南殿。正殿为释迦殿，木质结构，面阔三间，进深六架椽，平面长方形，悬山式屋顶，珐华屋脊，直棂窗。屋脊正中有“释迦宝殿”字样，另一侧有“大明嘉靖”年款。殿内塑释迦牟尼佛，观音、文殊、普贤菩萨，二十四诸天等塑像30余尊。使铁佛寺闻名于世的正是殿中这组环绕佛殿的二十四诸天泥塑造像，其造型奇特，技艺精湛，可谓是整个泥塑造像里独树一帜的奇葩，世所罕见，独冠天下。整堂彩塑布局紧凑，但是仔细品读，会在一片繁缛中体会到雕塑师的匠心。作者在遵循传统的基础上，发挥艺术创造和想象力，通过不同诸天在神态、色彩、装扮上的不断创新，避免了累赘重复，在差异中营造出一种艺术美和秩序美。

释迦牟尼佛居于殿内中央，趺坐在高高的须弥座上，脸部及身上的金箔被无知者刮去，多了些沧桑，却掩盖不了佛的威严。背光悬塑，金碧辉煌，直通菩萨顶，塑有三世佛、十二圆觉菩萨、接引佛、十大明王、大鹏金翅鸟等。文殊、普贤菩萨跣足立于佛像左右两侧，由于常年被雨水侵蚀，今已面目全非，损毁严重。释迦牟尼背墙塑观音菩萨、善财、鬼卒，周围悬塑灵山等。

二十四诸天造像环绕于释迦牟尼佛四周，靠大殿墙壁分两组排立，这些塑像立于青砖台座上，泥塑彩绘，高3米多，一个紧挨着一个，有的面目狰狞，有的神态安祥，有的怒目突出，有的青面獠牙，有的头发倒竖，有的脚趾抓地，有的铠甲护身……让人目不暇接，又仿佛被众神包围，一种威慑感和敬畏心油然而生。神像的服饰繁缛却不显笨重，夸张的线条与细节的刻画反而让塑像多了一些灵动和飘逸。这都得益于雕塑师高超的技艺和对塑像的艺术处理，通过在胎内采用细铁丝进行辅助造型，使之弧度更大、线条更为流畅，看起来更加生动和逼真，富于层次感和空间感。

此外，门后左右墙壁各绘有1米多高的菩萨壁画，他们脚踏莲花、手捧珊瑚。东侧内柱上还保留有清光绪和民国时期的告示。

殿外明万历三年（1575）《重修铁佛寺记》碑刻，所刻题记：“世代辽阔，详无所稽”，“大定七年重安佛☐，历象迁移，风雨凌剥，且古迹隘而不弘，殿宇为之圮芜焉。至嘉靖改元（1522）秋，重修正殿四楹，庙貌焕然新之，☐规度尚未敞也。十年，遵县檄住持道才，乡耆牛简涉须辈，输粟社仓若干，告存以墐风山之空缺，蕲神以庇民心也。嗣增水陆、十王诸殿，香积、方丈之所若干，绕以周垣，甃以阶级，而屋宇非昔之湫且隘矣……”碑文中还提到：“他若创新有岁日，殿宇有错落，其佛像之位序，舍利之名籍，种派之后先，俱刻之碑阴云。”碑阴文字：“元大定七年重安铁佛，嘉靖元年修正佛殿三间，住持僧道才；十年，道才等僧乡耆牛简涉须等众告纳粟谷银两；二十六年重修水陆殿、铁佛殿、东西僧房，住持僧圆妙；三十七年增置香火地六亩；万历☐年明确本寺地土四至。”

在此碑记中对于满堂彩塑及“佛像之位序，舍利之名籍，种派之后先”并未做详细说明。现存的佛教文献或碑志中也没有针对铁佛寺造像名号的专门记载，这就使得今人研究其内涵和历史价值具有一定的困难。

佛教造像，让人体会到法相庄严的同时，也给人以艺术审美的感受。

诸

作者：米芾
朝代：北宋

佛

作者：颜真卿
朝代：唐

释迦牟尼佛居于殿内中央，趺坐在高高的须弥座上，脸部及身上的金箔被无知者刮去，多了些沧桑，却掩盖不了他的威严。背光悬塑，金碧辉煌，直通菩萨顶，有三世佛、十二圆觉菩萨、接引佛、十大明王、大鹏金翅鸟等。文殊、普贤菩萨跣足立于佛像左右两侧，由于常年被雨水侵蚀，今已面目全非，损毁严重。释迦牟尼背墙塑观音菩萨、善财、鬼卒，周围悬塑灵山等。

春
春

殿中漫步，如见能工巧匠，不胜悦目骋怀。体味先民德行之厚达，何其心驰神往。

诸

作者：米芾
朝代：北宋

天

作者：褚遂良
朝代：唐

二十四诸天造像环绕于释迦牟尼佛四周，靠大殿墙壁分两组排立，这些塑像立于青砖台座上，泥塑彩绘，高3米多，一个紧挨着一个，有的面目狰狞，有的神态安祥，有的怒目突出，有的青面獠牙，有的头发倒竖，有的脚趾抓地，有的铠甲护身……让人目不暇接，又仿佛被众神包围，一种威慑感和敬畏心油然而生。神像的服饰繁缛却不显笨重，夸张的线条与细节的刻画反而让塑像多了一些灵动和飘逸。这都得益于雕塑师高超的技艺和对塑像的艺术处理，通过在胎内采用细铁丝进行辅助造型，使之弧度更大、线条更为流畅，看起来更加生动和逼真，富于层次感和空间感。

二十四诸天

“诸天”是佛教用语。在印度文化中，天是神的别名。唐代吉藏的《金光明经疏》说：“外国呼神名为天”，所以“诸天”亦称“诸神”或“尊天”，在佛教中是对众多护法天神的总称。在佛教的宇宙观里，世界被分为欲界、色界、无色界三部分，三界共有二十八重天。

欲界有六天，包括四天王天、忉利天、夜摩天、兜率天、化乐天、他化自在天。

色界之四禅十八天，包括初禅三天，指梵众天、梵辅天、大梵天；二禅三天，指少光天、无量光天、光音天；三禅三天，指少净天、无量净天、遍净天；四禅九天，指福生天、福爱天、广果天、无想天、无烦天、无热天、善见天、善现天、色究竟天。

无色界之四无色天，包括空无边处天、识无边处天、无所有处天、非想非非想处天。

此外还有专职日、月、水、火的日天、月天、水天、火天等。罗刹、龙王等不属于天部，但作为护法神也被称为天。

对于其他宗教派别的神祇，佛教也兼收并蓄。一些吠陀神祇、婆罗门教神祇也被佛教吸收，成为佛教的护法神。如婆罗门教信奉的大神成为佛教的大梵天、帝释天；印度古代神话中的太阳神、月亮神成为日宫天子、月宫天子；古印度外道崇拜的大神成为大自在天；古印度民间传说中的吃人鬼和女魔鬼摇身一变，成为夜叉和鬼子母；印度古代神话传说中的地狱之主变成大家熟知的阎摩罗王（阎罗王）。

佛教传入中国后，受到中国传统文化和民间传说的影响，诸天鬼神又与中国的道教、民间鬼神结合，武圣关公被选为佛门的护法伽蓝，铁面无私的包青天和隋朝名将韩擒虎做了阎罗王。诸天在各大庙宇的大雄宝殿中被装扮成中国古代帝王将相和后妃、贵妇的样子。由此得知，佛教中的诸天鬼神大多源于印度婆罗门教和印度民间神祇，也有部分源于中国古代道教及民间信仰。

在中国佛教寺院对诸天的供养中，常见的诸天组合有四大天王、十六诸天、二十诸天、二十四诸天几种类型。寺院造像中常见的二十诸天来自天台宗的《金光明三昧忏法》，由隋

中国现存诸天：

北京西山大觉寺
北京海淀大慧寺
北京西城白塔寺
北京石景山法海寺
山西大同云冈石窟
山西大同善化寺
山西大同华严寺
山西长治观音堂
山西沁水石室佛堂
四川平武报恩寺
四川新津观音寺
河北正定隆兴寺
浙江杭州灵隐寺
江苏苏州紫金庵
云南東河大觉宫
……

代天台智者大师依据《金光明经·鬼神品》等经典制定，但数量和所供天神并未完全确定。

南宋，行霆撰《重编诸天传》，正式确立了二十诸天供养体系。选定的二十诸天为：一大梵天、二帝释天、三多闻天王、四持国天王、五增长天王、六广目天王、七金刚密迹、八大自在天、九散脂大将、十大辩才天、十一大功德天、十二韦驮天神、十三坚牢地神、十四菩提树神、十五鬼子母、十六摩利支天、十七日宫天子、十八月宫天子、十九娑竭龙王、二十阎摩罗王。

明末，弘赞律师在《斋天科仪》中又增加了四位天神，至此，“二十四诸天”供养体系确立，在原来基础上，增加了二十一紧那罗、二十二紫微大帝、二十三东岳大帝、二十四雷神。前一位是佛教天龙八部之一的歌神，后三位均为道教神灵，这也反映出当时佛道两教的融合。

明清时期，二十四诸天成为佛教寺院壁画或塑像中常见的供奉方式，通常列于大雄宝殿中释迦佛的两侧，但诸天排序及形象在不同时期及不同的寺院也不完全一致。这缘于不同作者、不同粉本以及不同的形象塑造依据的差异，诚如周叔迦先生所言诸天像“多随意为之，无有定准”。而铁佛寺诸天不管是造型还是排列顺序，都是独一无二的孤例。

总之，中国佛教护法诸天鬼神是佛教神祇中最为丰富、奇幻的一部分，他们以护持佛法为职责，有时也协助佛、菩萨做些化导众生的工作。诸天造像形象的丰富性为造像师提供了广阔的想象空间和创作的多样性，所以造像师在塑造诸天时不免融入自身对佛像特点的理解，塑造出风格迥异的造像，使得诸天造像在外形特征方面没有统一标准。

由此，在中国彩塑艺术史上，诸天塑像可以突破传统，被赋予更为浓郁的艺术情感，承载更丰富的艺术价值。

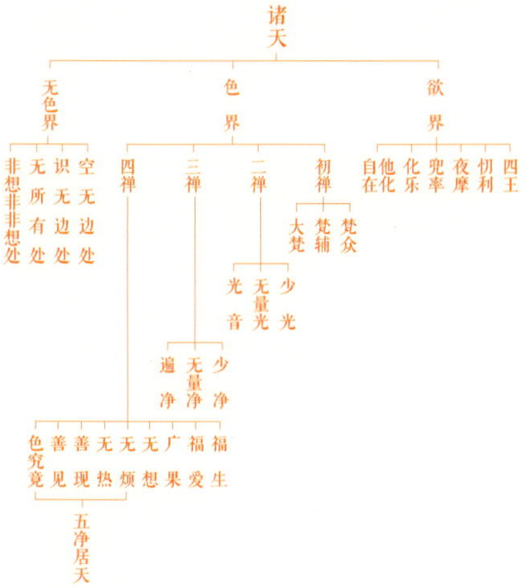

《妙法莲华经观世音菩萨普门品》说：

“因所度化的对象不一样，观音菩萨可化现为梵王身、帝释身、紧那罗身等各种护法神来普度众生。”

《华严经》说：

“一切诸佛退位，或作菩萨，或作声闻，或作转轮圣王，或作魔王、大臣、居士、长者，或作彩女、宰官，或作大力鬼神、山神、江神、主水神、主火神、一切苗稼神、树神及外道，作种种方便，助我释迦如来化导众生。”

二十四诸天之

大梵天

Da Fan Tian

东侧北起第一尊：

此尊造像为中年帝王形象，头戴天冠，面相方圆饱满，八字山羊胡垂及胸前，面貌和悦，神情静穆，流露出宽怀静谧之美。胸饰项圈，身着广袖长衫，下身长裙及地，裙裾下露云头履。裙裳质地柔软，表现出布料的华美质感。

此天应为大梵天。

大梵天又名梵天、梵王，意译为离欲、清静等。在古印度神话中，他是宇宙的创造者，被印度教尊为创造世界万物之神，与毗湿奴、湿婆并称为婆罗门教与印度教三大主神。他的坐骑为孔雀（或天鹅），配偶为智慧女神，故梵天也常被认为是智慧之神。据《长阿含经》记载："此大梵天乃自然而有，自主独存，无能胜者，统领大千世界，富贵尊豪最得自在，且能造物，是众生之父母。"后被佛教吸收为护法神。

据传，释尊自兜率天降生的时候，大梵天手执白拂子，在佛前作引导。释尊成道后，他施舍自己的宫殿，请佛说法。《大悲经》记载："释尊行将入涅槃时，曾经摧破大梵天的邪见，而使他成为佛弟子。"在佛教中大梵天王居住在色界的初禅天，是色界初禅天的统领者，与梵辅天、梵众天合称色界初禅三天。

大梵天形象一般被塑造成二臂像或四面四臂像，前者为一面双臂，手持莲花、拂尘，也有三面双臂像；四臂像则四面，每面各有三目，右边两手持莲花和念珠，左边两手一手持净瓶，一手结唵字印，也有一手作施无畏印者。在中国唐代以后，多被汉化为二臂的中年帝王形象，服饰冠冕雍容华贵。

在水陆画中大梵天一般为雍容华贵的中年帝王形象，身后有辅臣簇拥。寺院中梵天多与诸天共同供奉于大雄宝殿之中。还有一种是与帝释天一起出现，共同侍奉于释迦佛左右。

二十四诸天之

帝释天 Di Shi Tian

西侧北起第一尊：

此尊造像为中国后妃装扮，头部遗失，胸饰项圈，身着广袖长衫，下身长裙及地，裙上挂满璎珞，左手执帕巾，右手残损，与大梵天相对站立。

此天应为帝释天。

帝释天又名帝释，音译为释提桓因、因陀罗、因提利等，原为婆罗门教的天神。据《大智度论》记载："帝释天原是摩伽陀国的婆罗门，生性乐善好施。他有三十二位知己，与他同修福德善业，死后又一起生到了忉利天宫。忉利天共有三十三天宫，故又称三十三天。帝释居忉利天中央的善见城，是三十三天之天主。他的四面各有八天宫，分别由他生前的三十二位知己作为辅臣居住。"《净名疏》等书则说：迦叶佛入灭后，有一位女子发心为佛修塔，另有三十二人助缘。后来以此功德，他们共生忉利天宫。

帝释天的形象在显教、密教中各不相同。《大日经疏》中记载："头戴宝冠，身披璎珞，手持金刚杵，身骑六牙白象，住于须弥山，有诸天及众眷属围绕。"

在汉地寺院中，帝释天以少年帝王形象居多，且多为男人女相。常与大梵天侍立在释迦佛的左右，他的身后一般有三位天女：圆生、善法、赦友，相传为他的三位夫人。三位天女形态各异，一位给帝释打伞；一位端着盛有莲花的盘子；一位捧着一个意为须弥山的盆景。在水陆画中帝释天一般为中国后妃模样。

金维诺的《中国宗教美术史》则认为："梵天、帝释在作为菩萨或功德天之眷属时，均作天女相。而作为诸天之主尊出现时，则梵天作男相，帝释为女相，以相对应。"

二十四诸天之

大辩才天 Da Bian Cai Tian

东侧北起第二尊：

此尊造像为天女形象，头部遗失，上身袒露，身着天衣，上挂璎珞。双肩的飘带环绕两臂游离体外飘落至脚边。有六臂，两臂上举，其余手臂残缺。

此天应为大辩才天。

大辩才天又名大辩才功德天、大辩才天女，原为古印度沙拉斯瓦地河的河神，以聪颖和具大辩才而得名。因歌声美妙动听，又被称为美音天、妙音天，是掌管智慧辩才、音乐与福德的天神。

其形象男相女相均有，《大日经疏》中说大辩才天“并置其妃”，是位男神；《金光明最胜王经》《大随求陀罗尼经》《不空罥索陀罗尼经》则说大辩才天是位女神。《金光明最胜王经》中说大辩才天“为阎罗之长姊，常着青色野蚕衣，好丑容仪具有，眼目能令见者怖”。

大辩才天的形象主要有两种：一为两臂菩萨像，着青色野蚕衣，左手拿琵琶，右手作弹奏状，也有作弹箜篌状的；另一种为八臂菩萨装束形象，中间两臂合掌，旁边六臂持物，分别拿火轮、剑、弓、箭、斧、罥索，脚下有狮、虎、狐、豺等兽。

二十四诸天之

摩利支天

Mo Li Zhi Tian

西侧北起第二尊：

此尊造像为天女形象，头部遗失，上身袒露，身穿天衣，胸饰项圈。双肩的飘带环绕两臂游离体外飘落至脚边。有六臂，两臂上举，两臂在前，一臂手握法器，另一手臂残缺，造型与东面对应的大辩才天较为接近。

此天应为摩利支天。

摩利支天又名摩利支菩萨、摩利支提婆等，意译为阳焰、威光，她原本是古印度的光明女神，后被佛教吸收为天神。《佛本行集经》记载，“摩利支，隋云阳焰”，具足息灾、增益、怀爱及降伏四法之功德。在道教中她被称为斗姥元君、斗姆、斗母等，全称是先天斗姥紫光金尊摩利支天大圣圆明道姥天尊。她是一切星辰之母，也是太岁星君们的总首领。

《佛说摩利支天经》载：“有天名摩利支，有大神通自在之法。常行日前，日不见彼，彼能见日。无人能见，无人能知，无人能害，无人欺诳，无人能缚，无人能债其财物，无人能罚，不畏怨家，能得其便。”《大摩利支菩萨经》中说：“摩利支菩萨陀罗尼，能令有情在道路中隐身，非道路中隐身，众身中隐身，王难时隐身，水火盗贼一切诸难皆能隐身，不令得便。”

摩利支天的法相较为丰富，立相、坐相、骑猪像、坐车像均有，还有一面二臂、三面六臂及三面八臂的化相等。最主要的形象有两种：一种为或坐或立于莲花上的天女形象，左手在胸前拿着天扇或无忧枝，右手下垂，身呈金色，光明如日，顶戴宝塔，着天衣彩裙，有腕钏、耳饰、宝带、璎珞等装饰。一种为面红如日出之色的忿怒形象，坐在野猪身上，或坐于七头野猪拉的车之上，身着红色天衣；挂璎珞，戴耳环、腕钏，腰系宝带，顶戴宝塔，塔内有佛，三面八臂。三面面相各异：正面菩萨脸，端庄慈祥；左面猪脸，尖嘴獠牙；右面童子脸，面目隽秀，每面又各有三目。八个手臂都持有法物，左四手执无忧树枝、绳索、弓、线圈；右四手持金刚杵、针、钩、箭。八臂有时也作六臂。

二十四诸天之

东方持国天王

Dong Fang Chi Guo Tian Wang

东侧北起第三尊:

此尊造像头戴化佛华冠，环形耳珰，双目圆鼓，龇牙咧嘴，粗眉短须，呈忿怒相。身穿甲胄，脚蹬战靴，双目凝视前方，全身蓄势待发，充满活力。

此天或为东方持国天王。

东方持国天王，为四大天王之一。音译多罗吒，意为持国。持国意为慈悲为怀，保护众生，护持国土，故名持国天王。身白色，穿甲胄，手持碧玉琵琶，以琵琶之义谐“调”。他是主乐之神，用音乐使众生皈依佛教。他住须弥山白银埵，率领诸毗舍阁(癫狂鬼)等守护须弥山东方东胜神洲。

其形象诸说不一，《陀罗尼集经》记载：“身着种种天衣，严饰极令精妙，与身相称。左手申(伸)臂垂下把刀，右手屈臂，前向仰手，掌中着宝，宝上出光。”《药师琉璃光王七佛本愿功德经念诵仪轨供养法》则载:“东方持国大天王，其身白色持琵琶，守护八佛东方门。”

二十四诸天之

北方多闻天王

Bei Fang Duo Wen Tian Wang

西侧北起第三尊：

此尊造像为青年武将形象，环形耳珰，头戴化佛华冠，身穿甲胄，脚蹬战靴，一手握拳，一手举起，手中持物遗失，相貌忠厚善良。面容表情全神贯注，双目凝视前方。

此天应为北方多闻天王。

北方多闻天王，为四大天王之一。音译鞞舍罗婆拿，以福、德之名闻于四方，所以也被称为多闻天或毗沙门天。身绿色，穿甲胄，手持混元珠伞或塔，以伞之义谐“雨”；若持塔，是根据印度经文翻译而来，可理解为守卫保护之意。左手握神鼠，用以制服魔众，护持众生财物。他住须弥山黄金埵，率领夜叉、罗刹等守护须弥山北方北俱卢洲。

北方多闻天王原是古印度教的一位天神，又名施财天。在印度古代神话中，他既是北方的守护神，又是财富之神。在藏传佛教中被尊为财宝天王。在唐代则被视为护国天神而受到广泛崇拜。唐代流传下来的毗沙门及其眷属造像甚多，以三太子“哪吒”最有名。

其形象诸说不一，《金刚顶瑜伽护摩仪轨》载：“毗沙门坐二鬼，上身着甲，左手掌捧塔，右手执宝棒，身金色。”

二十四诸天之

南方增长天王

Nan Fang Zeng Zhang Tian Wang

东侧北起第十一尊:

此尊造像头戴化佛华冠，锁眉怒目，双目圆鼓，凝视前方。身穿甲胄，腰挎宝剑，脚踩恶鬼，神态生动。

此天或为南方增长天王。

南方增长天王，为四大天王之一。音译毗琉璃天、毗噜陀迦天王等，意为增长，能令众生增长善根，护持佛法，故名增长天王。身青色，穿甲胄，手握宝剑，以“锋”谐音“风”。他住须弥山琉璃埵，守护须弥山南方南赡部洲。

其形象诸说不一，在《胎藏界曼荼罗》中，他通身赤色，披甲胄，肩上着绯端，瞋目怒视，左手作拳按腰，右手把剑。

四大天王俗称“四大金刚”，在天王殿中享受供奉。在佛教的三界中欲界最低，此界天有六重，即“六欲天”，第一重叫“四天王天”，离人世最近，这里就是四大天王的居所。佛经说，四天王天就在须弥山山腰，那里耸立着一座犍陀罗山，此山有四山峰，称须陀四宝山， 四天王的任务是各护一方世界，即须弥山四方的东胜神洲、南赡部洲、西牛贺洲、北俱卢洲。因此，四大天王又称“护世四天王”。

经过民间传说和文学作品的加工，四大天王被逐渐汉化，形象进一步丰富，《封神演义》中说四大天王是“佳梦关魔家四兄弟”， 其中：

南方增长天王（魔礼青），手持青锋宝剑，以“锋”谐音“风”；
东方持国天王（魔礼寿），手持碧玉琵琶，以琵琶之义谐“调”；

北方多闻天王（魔礼海），手持混元珠伞或塔，以伞之义谐“雨”，若持“塔”，根据印度经文翻译，可理解为守卫，保护之意；
西方广目天王（魔礼红），手持紫金花狐貂，司“顺”（有说这个动物叫蜃，以“蜃”谐音“顺”。也有塑成龙或蛇）。这四大天王连起来就是“风调雨顺”。

中国寺庙中的四大天王形象被彻底汉化，皆为中国古代武将装扮，他们被安置在天王殿中，殿中央为大肚弥勒佛(布袋和尚)，四大天王分列两旁。

二十四诸天之

西方广目天王

Xi Fang Guang Mu Tian Wang

西侧北起第十一尊：

此尊造像头戴化佛华冠，锁眉怒目，双目圆鼓，龇牙咧嘴，粗眉长须，呈忿怒相，面目威严。身穿甲胄，脚蹬战靴，右手缠一赤蛇，侧目而视，观之令人生畏，全身蓄势待发，充满活力。

此天或为西方广目天王。

西方广目天王，为四大天王之一。音译毗留博叉、毗留罗叉等，意为广目，能以净天眼随时观察世界，护持人民，故名广目天王。身红色，穿甲胄，手持紫金花狐貂，司“顺”（或叫蜃，以“蜃”谐音“顺”）。他是群龙领袖，所以塑像一般手缠一赤龙（赤索）或者蛇。他住须弥山水晶埵，守护须弥山西方西牛贺洲。

其形象诸说不一，《佛说陀罗尼集经》中说：“毗留博叉与其他四天王大小、衣服一样，身长作一肘，着种种天衣，严饰极令精妙，与身相称，左手伸臂执矟，右手持赤索。”

二十四诸天之

日宫天子

Ri Gong Tian Zi

东侧北起第四尊：

此尊造像为长眉长须之长者形象，头戴宝冠，面貌和悦，手捧帕巾，拱手而立，慈祥中透露出几分威严。身着广袖长衫，下身长裙及地，裙裾下露云头履。手中或原有持物，现已遗失。

此天应为日宫天子。

日宫天子又名阿尔底耶、须梨耶，意译为日天子、日宫天子，又名宝光天子、宝意天子。他原本是古印度神话中的太阳神，住在太阳中，后来成为佛教的护法神，并被认为是观音菩萨的化身，主管乾坤之运转。

他在一年之中循环于须弥山中，遍照四天下及四大洲的白昼。身边常有二妃陪侍，二妃乘七宝庄严车驾，以八头宝马牵引，周围还有七曜、九曜等星宿护卫，摩利支天做他的前导。

日宫天子形象为：红色脸膛，两手各持一朵莲花，乘坐四马大车。也有的手捧日轮，骑三至八匹马(一般为五匹马)。因为“日，太阳之释，人君之像”，所以后来中国寺院将日宫天子塑造为帝王形象，手持莲花，冠上有一日轮，日轮中常有一乌鸦。在明清寺观造像及水陆画中，日宫天子多为头戴冕旒、双手捧圭的男性帝王形象。

二十四诸天之

月宫天子

Yue Gong Tian Zi

西侧北起第四尊：

此尊造像为中国后妃装扮，头部遗失，身着广袖长衫，下身长裙及地，裙上挂璎珞，左手执帕巾。裙裳质地柔软，表现出布料的华美质感，裙裾下露云头履，与日宫天子相对而立。

此天应为月宫天子。

月宫天子又名苏摩，意为光或月，又名月天子、月天、大白光神、野兔形神、宝吉祥等。他住在月宫中，原是古印度婆罗门教的月神，后来成为佛教的护法神，被认为是大势至菩萨的化身。“大势至”意为宝吉祥，月宫天子既为大势至菩萨化身，所以又被称为宝吉祥天，是主司令患热病者得救的护法神。

中国文化中也崇拜月神，受阴阳学的影响，中国的月神形象多为代表阴性的女性。所以佛教传入中国后，月神的形象由男性变为女性，一般为美貌的后妃装束，头冠中嵌满月，月中现兔形。明代以后多与日宫天子对应出现，但在密宗供奉的月宫天子仍是印度样式。

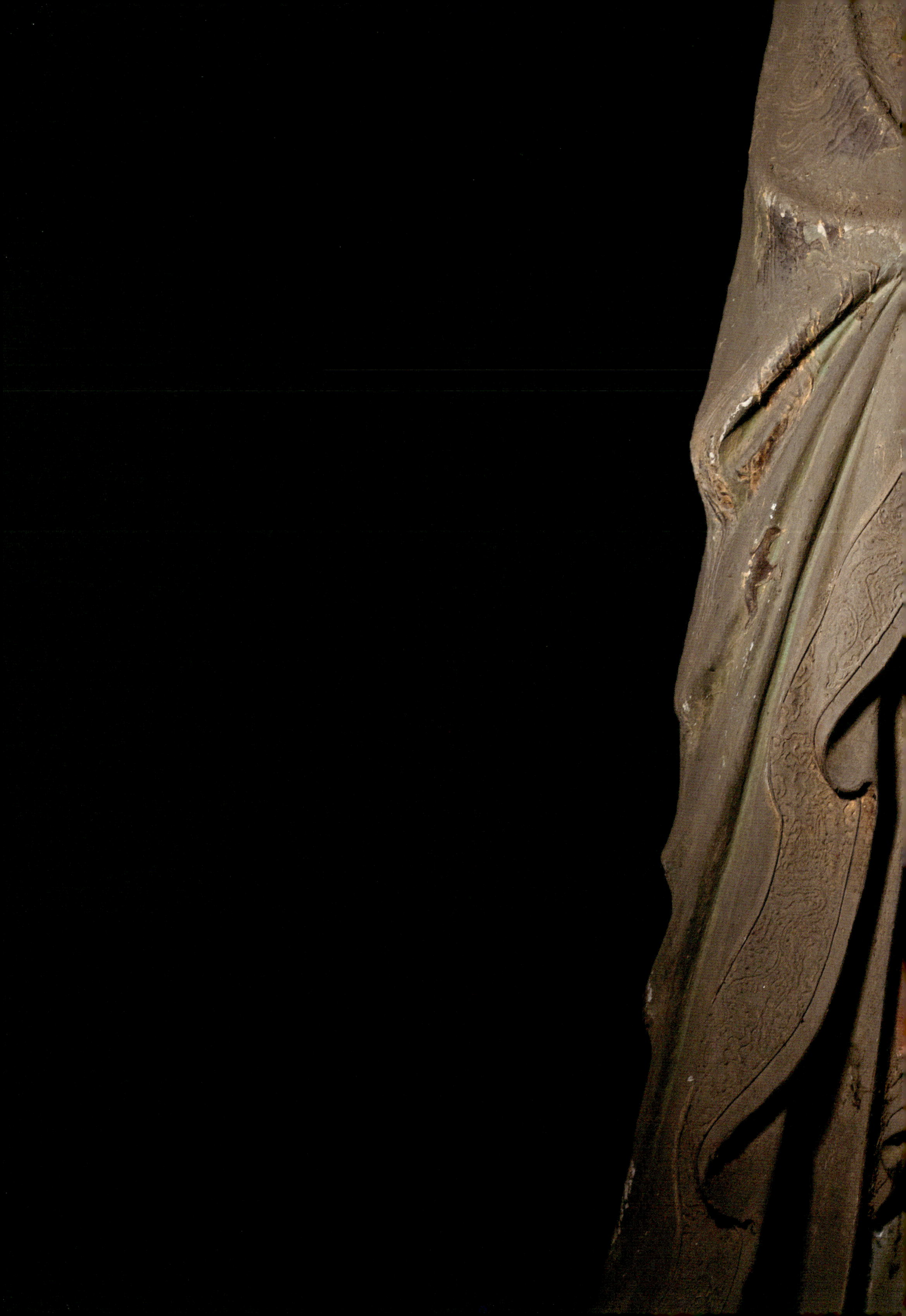

二十四诸天之

金刚密迹

Jin Gang Mi Ji

东侧北起第五尊：

此尊造像呈狰狞忿怒相，锁眉怒目，大嘴阔张，似在呼啸呐喊，环形耳珰饰连珠，上身袒露，腰系战裙，赤脚站立。造像上身微微旋转，头向左扭，右臂斜上举，左臂横于前方，整个身体呈现强烈的动感。其造型坚实有力，技法既写实又夸张，肌肉起伏变化大，尤其对面部及胸腹肌肉的塑造十分完美，细节处雕刻一丝不苟，具有很强的艺术感染力。

此天应为金刚密迹。

金刚密迹音译散那，又名夜叉王、金刚力士、金刚手、执金刚等。由于他手持金刚杵，所以又被称为执金刚神。《大日经疏》记载："西方谓夜叉为秘密，以其身口意速疾隐秘，难可了知故，旧翻或云密迹。"他本来是印度毗纽天的侍从，威力无比，行动敏捷，后来成为佛教的护法神，在众护法神中以"捷疾"著称。

金刚密迹力士以知晓如来一切秘密之事而得名。《金光明经鬼神品》记载："他是大鬼神王，与五百夜叉原都是大菩萨，为护持众生、保护佛法，他们才屈尊做了佛教的护法神。"

明代《封神演义》问世后，书中虚构的"哼哈二将"取代了金刚密迹，成了寺庙的门神。常塑于寺院山门内的两侧，其形象为一面二臂，头戴宝冠，面部极尽愤怒恐怖，袒露上身，全身肌肉鼓胀，手持金刚杵等法器。

二十四诸天之

韦驮天 Wei Tuo Tian

西侧北起第五尊:

此尊造像为青年武将形象，身穿甲胄，脚蹬战靴，双手合十于胸前，两肘间托金刚杵，挺胸凸肚，相貌忠厚善良。面容表情全神贯注，两眼凝视前方，全身蓄势待发，充满活力。

此天应为韦驮天。

韦驮天又叫韦驮菩萨，意为智论。他原为印度婆罗门教的战神，为湿婆或阿耆尼之子，叫六面童子，有六头十二臂，手执弓箭，骑孔雀，后来成为佛教的护法神。

传说佛陀涅槃后，帝释天取下佛牙，准备建塔供养，却被罗刹鬼盗去佛牙舍利。韦驮天将罗刹鬼抓获，取回舍利，赢得诸天众王的赞扬，认为他能驱除邪魔，于是将保护释迦灵塔、打退盗取佛骨之敌的重任交给他。自唐初道宣记载其事迹后，寺院均设其神像。

佛教中另外还有一位护法天神韦天将军。据唐朝道宣记载："他姓韦名琨，系南方增长天王所率的八大神将之一，又是护法四天王手下三十二神将之首。"道宣认为，韦将军系诸天之子，童真梵行，主领鬼神。在佛陀即将涅槃时，曾得到佛陀的嘱托，要求护持佛法。他对东、西、南三洲的佛法护持最得力。后世逐渐将印度之韦驮天与道宣之韦将军混而为一，形成汉地寺院常见的韦驮菩萨。

韦驮像一般被供奉于大雄宝殿对面，天王殿弥勒背面。形象多为身穿甲胄的武将模样，体格魁伟，面容英俊，瞠目横眉，手执金刚杵，威风凛凛。一般有两种姿势：一种是双手合十，将杵搁二肘间，直挺挺站立；一种是一只手握杵拄地，另一只手叉腰。一般在佛经的卷首都会刻佛像或佛陀说法图，而在卷尾则常常刻有韦驮像。

二十四诸天之

紫微大帝 Zi Wei Da Di

东侧北起第六尊：

此尊造像为长眉长须之长者形象，面貌和悦，慈祥中透露出几分威严。头戴宝冠、着广袖长衫。左手横托胸前，右掌竖举颔下，一派道家大神的风范。

此天或为紫微大帝。

紫微大帝全称为中天紫微北极太皇大帝，是道教之神。其职责是协助玉皇大帝执掌天经地纬、日月星辰和四时节气，以率三界星神和山川诸神，是一切观象的宗王，能呼风唤雨，役使雷电鬼神。

中国古人崇拜北极星，认为北极星是帝王星，住在天上的紫微宫中。《后汉书》卷四十八谓 “天有紫微宫，是上帝之所居也”，由此人间帝王的禁中被称为“紫禁城”，尊称居住在中天紫微宫的北极太皇大帝为四御之一。后成为佛教的护法神。

据《洞真太极北帝紫微神咒妙经》记载，其为头戴冕旒、身着朝服的帝王形象，旁边有威风凛凛的武将护卫，高贵威严。

二十四诸天之

鬼子母天 Gui Zi Mu Tian

西侧北起第六尊：

此尊造像为中国后妃装扮，神态沉静安详、端庄俊逸，身穿长裙，裙裳质地柔软，表面细刻图案，施朱彩，表现出布料的华美质感。造像体态优雅自然，流露出母性的慈爱，具有独特的东方女性魅力。

在铁佛寺诸像中未见哪尊造像前跟有或抱有小孩，依据其形象对比，此天或为鬼子母天。

鬼子母天又名诃利帝母、诃利帝喃鬼子母，意译为欢喜母、爱子母。生有500鬼子，因此称为鬼子母。在古印度传说中，她是一名恶神，是散脂大将之妻，也有说是功德吉祥天和散脂大将的母亲。鬼子母本来是王舍城中专食人类子女的罗刹鬼母，后来受佛陀感化皈依佛教，成为佛教的护法神。

据《根本说一切有部毗奈耶杂事》记载，古代王舍城有独觉佛出世，举行庆祝会，有500人赴会。途中遇一怀孕牧牛女，劝其一同赴会庆贺。女喜之舞蹈，不料流产。此时诸人均弃她而去，因此她十分恼恨，发下毒誓，要在来世投生王舍城，尽食城中幼儿。后来她果然投生王舍城，为药叉神将婆乞多之女，婚后生500儿。她自恃强力，天天捕食别人的幼儿。佛陀闻悉后，决定以慈悲心、方便自在力教化鬼子母，使其弃恶从善，以此安定天下父母之心。鬼子母对自己的孩子十分爱怜，佛陀趁其外出，藏其爱子。鬼子母因而悲叹痛伤，不得不向佛陀哭诉失子之事。佛陀对她说："汝有子五百，今仅取汝一子，汝已悲痛若是，然汝食他人之子，其父母之悲又将如何恸乎！"鬼子母闻言果然顿悟前非，悔过自新，皈依佛教。

鬼子母是专职保护妇女和儿童的天神，据佛经记载，鬼子母能保护儿童健康成长，为儿童除病消灾；保护妇女顺利分娩，减少痛苦。由此又被尊奉为爱子母或爱子神。鬼子母传入中国后，还被民间当作"送子娘娘"单独供奉。

据佛经记载，鬼子母的形象是美丽的天女，身穿天缯宝衣，头戴天冠，耳挂耳珰，白螺为钏，种种璎珞庄严其身。身边有一童儿伴随。

《诃利帝母真言经》记载其形象说："画诃利帝母作天女像，纯金色，身着天衣，头冠璎珞，坐高台上，垂下两足。于垂足边，画二孩子，傍高台立，于二膝上各坐一孩子，左手怀中抱一孩子，于右手中持吉祥果。"

二十四诸天之

大自在天 Da Zi Zai Tian

东侧北起第七尊：

此尊造像呈狰狞忿怒相，锁眉怒目，大嘴阔张，獠牙露齿，环形耳珰饰连珠，头发如火焰冲天而立，发根处有一小佛，上身袒露，腰系战裙，赤脚站立，体态威猛，有六臂，其中两臂上举，两臂向前，表情与动作极为夸张，细节处雕刻一丝不苟，具有很强的艺术感染力。

此天或为大自在天。

大自在天即摩醯首罗天，又名伊舍那天。大自在天是印度教湿婆神的异名，湿婆是毁灭之神、苦行之神与舞蹈之神，被视为印度教的第一主神，与梵天、毗湿奴并称为印度教三相神。摩醯首罗天被佛教吸收后，住于色界之顶，被尊为三千大千世界之主，因在三千界中得大自在，故又称大自在天。大自在天主要为密宗崇奉，密教把他视为大日如来的化身。

《俱舍论记》记载:“鲁达罗，此云暴恶，大自在异名。大自在天总有千名，今现行世唯有六十。鲁达罗其一名也。又解涂灰外道说。自在出过三界有三身，一法身，遍充法界；二受用身，居住色界上自在天宫，即佛法中摩醯首罗天，三目八臂，身长万六千逾缮那；三化身，随形六道，种种教化。”

据《大智度论》记载，大自在天形象为“八臂三眼，骑白牛”。 密宗《十二天供仪轨》中说：“东北方伊舍那天，旧云摩醯首罗天，亦云大自在天。乘黄丰牛，左手持劫波杯盛血，右手持三戟剑，浅青肉色，三目忿怒，二牙上出，髑髅为璎珞，头冠中有二仰月。”

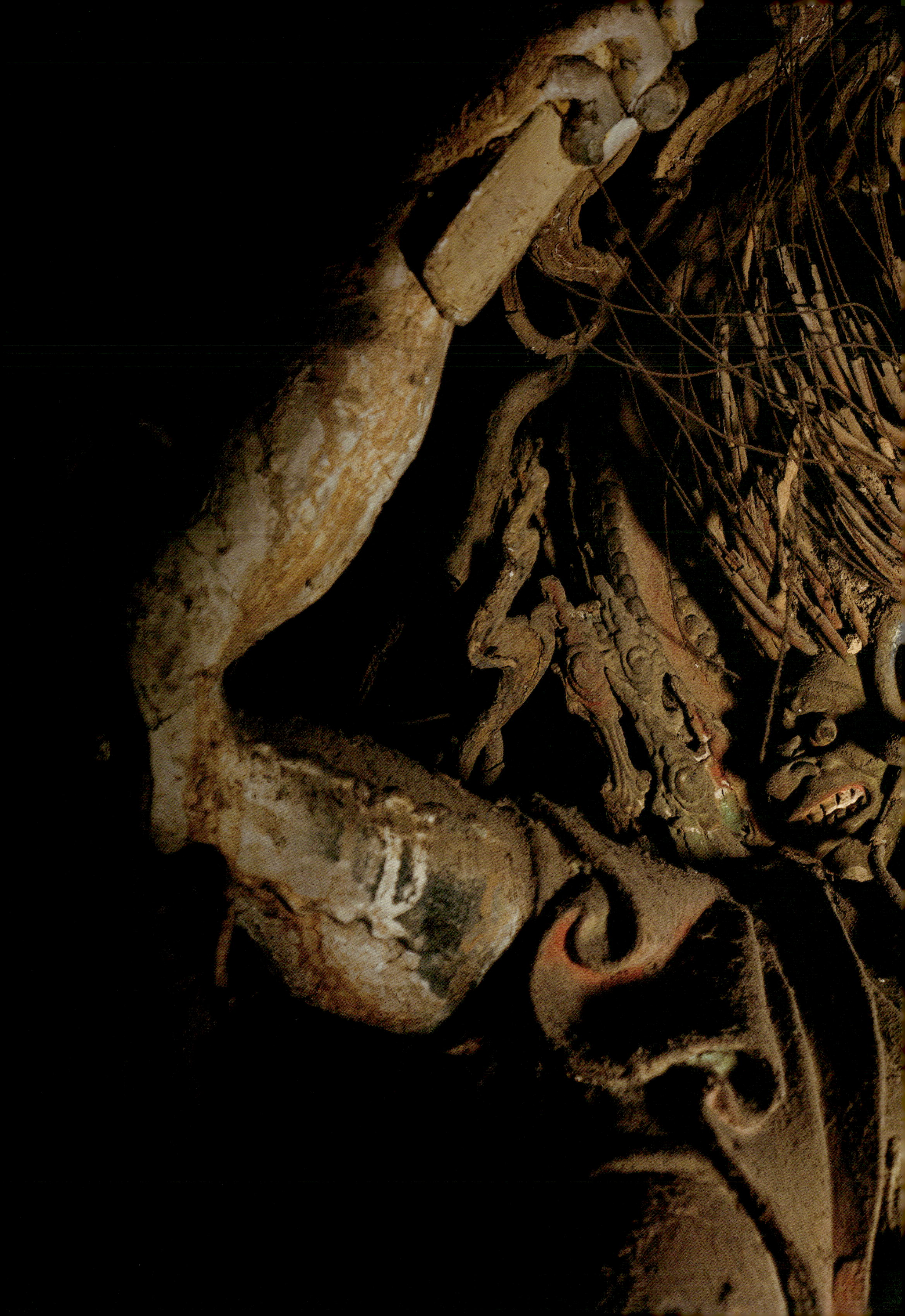

二十四诸天之

罗刹天

Luo Sha Tian

西侧北起第七尊：

此尊造像呈狰狞忿怒相，锁眉怒目，大嘴阔张，獠牙露齿，环形耳珰饰连珠，头发如火焰冲天而立，发根处有一小佛，上身袒露，腰系战裙；造像面部微微侧转，赤脚站立，体态威猛，有六臂，其中两臂上举，两臂向前，表情与动感极为夸张，全身凝聚着无穷的爆发力。雕塑者以精湛的技艺，在塑造人体美的同时，突出表现内在神韵，细节处雕刻一丝不苟，具有很强的艺术感染力，与对面的大自在天形象相近。

此天或为罗刹天。

罗刹天又名涅哩底、涅哩帝、祢哩底等，是恶鬼的总称，意译为可畏、暴恶。罗刹本是印度古民族的名称，据说罗刹男长相极陋、朱发黑身、兽牙鹰爪，罗刹女为绝美妇人，雅利安人征服印度后，罗刹成为畏恶的代名词。佛经中说："此鬼行速，牙爪锋芒，食人血肉，故云可畏也。"他是诸罗刹、食血魔鬼众之王，后成为佛教的护法神。

罗刹是密宗十二天之一，在佛教里属于天龙八部护法神中的鬼部之神，并且与药叉一起作为北方毗沙门天王属下的两员大将。

其形象在《胎藏图》中记载："通身黄色，被甲发冠，冠缯二头飘上，目少忿怒视，右手当腰侧执刀，左手竖掌向左，屈名小指以大指押，面向右方。"

二十四诸天之

菩提树神

Pu Ti Shu Shen

东侧北起第八尊：

此尊造像为中国后妃装扮，头顶精美发冠，面相方圆饱满，五官精致秀美，手持菩提树枝，身穿长裙，裙裳质地柔软；造像体态优雅，全身散发出生命的活力，具有独特的东方女性魅力。

此天应为菩提树神。

菩提树神即守护菩提树的天神。菩提意译为觉、智，旧译作道，因此菩提树又叫觉悟树、成道树。相传，释迦牟尼佛在菩提树下打坐修道时，菩提树神便用树叶为他挡风遮雨，守护他安心修道。她被认为是佛教最早的护法神。

在《金光明经》中，菩提树神又被称为道场菩提树神。该天神来自天台宗的金光明忏法，不属于密宗诸天。佛教经典中称其为天女或女天，在中国佛教寺院中，菩提树神多为手持曼陀罗花的女性形象。

二十四诸天之

大功德天

Da Gong De Tian

西侧北起第八尊：

此尊造像为中国后妃装扮，头顶奢华精美发冠，脸颡圆润，蚕茧脖颈，神态安详，体态端庄，眉目间透出圣洁和虔敬的心境，表情嫣然含笑，蕴含着天性的亲善，充满东方女性的古典美。身穿宽袖华服，项挂璎珞，左手于胸前捧巾帕，右手失（或有持物，可能为宝珠或莲花）。

此天应为大功德天。

大功德天即吉祥天女，又名室利摩诃提毗耶、摩诃室利。室利意为功德和吉祥，合起来就是大功德或大吉祥。在古印度神话中，她原是婆罗门教天神，是德叉迦和鬼子母夫妇的女儿，毗湿奴的妃子，被尊称为伟大的神。

在佛教中，她是财神护法毗沙门天的妃子或妹妹，因此又被奉为财富女神。

《陀罗尼集经·功德天品》记载其形象说："其功德天像，赤白色，容颜端正，两臂有各种璎珞环钏。头戴宝冠，项挂璎珞，身披天衣。右手施无畏印，左手执如意宝珠。左右两边分别立有大梵天和帝释天，二天神背后各有一座七宝山。她头顶有五色祥云，如散花天女。五色祥云里有六牙白象，象鼻绞动一个玛瑙瓶，瓶中不断倾泄种种宝物，浇灌在她顶上；天神背后画百宝华林，头上作千叶宝盖，盖上有诸天伎乐、散花供养。"

《毗沙门天王经》中说："她眼目修长，面部神情宁静，头戴天冠，以璎珞、臂钏装饰。右手作施无畏印，左手执开敷莲花。"《宝藏天女陀罗尼法》中说："天女身长二尺五寸，头作花冠，所点花极妙端正；身着紫袍、金带、乌靴，右手把莲花，左手把如意宝珠。"

中国寺庙中的大功德天端庄美丽，一般为后妃装束，两只手(或四只手)，一手持莲花，一手撒金钱，有两只白象伴护，这是吉祥的象征。其座下除莲花外，还有金翅鸟和猫头鹰。

二十四诸天之

深沙大将

Shen Sha Da Jiang

东侧北起第九尊：

此尊造像呈狰狞忿怒相，锁眉怒目，龇牙咧嘴，环形耳珰饰连珠，身穿铠甲，腰悬箭囊，脚蹬战靴，全身凝聚着无穷的爆发力；其造型坚实有力，技法既写实又夸张，细节处雕刻一丝不苟，具有很强的艺术感染力。

此天或为深沙大将。

深沙大将又名深沙神、深沙大王等，是除灭灾难、保护修行者的护法神。关于其本性，一说为观音化身，一说为北方毗沙门天王座下辅助者，统领药叉众。

在宋楚圆《赞深沙》中记载："此神牙爪如纤锋利剑，两睛若悬金镜，双眉紧锁，丘岳高鼻，山叠耳轮，螺蚌组结之青筋，身躯爆烈，脚蹈洪波海浪，精神极尽狞恶，其身璎珞骷髅颈下缠，猛虎毒蛇身上布。狮子衫象王袴，更纹毒龙为抱肚。非但人间见者惊，一切邪魔无不怖。"

二十四诸天之

散脂大将

San Zhi Da Jiang

西侧北起第九尊：

此尊造像头戴虎头帽，竖眉横目，双目圆睁，张牙露舌，面部狰狞，表情夸张，神态生动，身穿铠甲，赤脚站立，右手在胸前作法印手势，左手持斧钺。脚背凸起，肌肉结实而紧绷，呈现出熊掌虎爪般凶蛮狂野的力量，张开的脚趾若鹰爪般抓进地面，给人踏石留印、抓铁留痕之感 。

此天应为散脂大将。

散脂大将又名散脂修摩、散脂迦，意译为密，又称僧慎尔耶药叉。他原是印度婆罗门教中的夜叉神，为北方毗沙门天王手下八大药叉将之一。佛教认为，四大天王各有二十八部众鬼神将帅，其中散脂大将的地位最高，他是二十八部众之总司，统帅二十八部众，巡行世界，赏善罚恶。有人说他是鬼子母的二儿子，但多数认为他是鬼子母的丈夫。《陀罗尼集经》中说："鬼子母有三男，长名唯奢文，次名散脂大将……"《毗奈耶杂事》卷三十一说："半支迦(散脂大将)与鬼子母曾指腹为婚，长大后成亲，生五百子。"

《观佛三昧海经》记载，他形如鬼，甚为丑恶，胸部有三面，脐有两面，两膝有两面，其面如象，獠牙似犬，眼中出火，火皆下流。《千手观音造次第法仪轨》中说他身赤红，左手执金刚，右手安腰。在水陆画中，散脂大将为一副威风凛凛的武将模样。

其形象多为金刚武将模样，面为红色，满脸怒气，身穿甲胄，多持长柄斧钺，一手做某种法印手势或握拳在胸前。一般人习惯把他同金刚密迹力士视为哼哈二将。

二十四诸天之

娑竭罗龙王

Suo Jie Luo Long Wang

东侧北起第十尊：

此尊造像为中年王者形象，头戴天冠，长方椭圆脸，眉目周正，叉手而立，神情静穆，慈祥中透露出几分威严。身着广袖长衫，下身长裙及地，裙裾下露云头履。裙裳质地柔软，表现出布料的华美质感。

此天应为娑竭罗龙王。

娑竭罗龙王又名娑伽罗或娑薜罗，意译为咸海，即咸海中的龙王。原为印度婆罗门教中专管水界的天神，在古印度传说中他是蛇龙之主，属八大龙王之一，后成为佛教护法神。娑竭罗龙王的职责为守护天宫、兴云致雨、役使蛇龙、决江开渎以及保护国土和百姓。此外，龙王也被称为水天。《金刚童子轨》云："（水天）若作罥索则为龙主仙，于诸龙中而得自在。"水天实际上就是群龙之主，因此作为龙王代表的娑竭罗龙王实际上也具有水天的神格。

其形象一般身青色，有九个头，皆为龙形，左手握拳，右手执索骑于龟背上。在中国寺院中，常以身着帝王服的龙头人身形象出现。也有作中年帝王像，但不同于文雅庄重的帝释天、日天等的帝王形象，其表情严肃、环眼长须。

二十四诸天之

阎魔罗王 Yan Mo Luo Wang

西侧北起第十尊：

此尊造像为长须之长者形象，头戴宝冠，双目圆睁，目睛悬空，嘴半张，八字山羊胡垂及胸前，手持巾帕。身着广袖长衫，下身长裙及地，裙裾下露云头履。

此天应为阎魔罗王。

阎魔罗王又称阎摩罗王、焰摩天、阎摩王、琰摩、双王等，意为缚，缚有罪之人。阎魔罗王原是印度古代神话传说中掌管地狱之主，《黎俱吠陀》中称他有一个妹妹，叫阎蜜，兄妹通婚，成为人类的始祖。所以他后来到地狱管理他的子孙们的亡灵。

阎罗又有以下多种意蕴：双世，意为阎罗王在地狱中苦乐并受，所以称为双世。遮止，意为阎罗王令人不再造恶，予以遮止。静息，意为罪人依阎罗王所示，知己罪而静息。平等，意为业镜平等，其罪自能彰显。

在古印度佛教中阎魔罗王本为单独一个，进入中国后，演变为具有中国文化特色的阎王爷。经过与道教和民间信仰的融合，形成了十三阎王和十殿阎王，其中十殿阎王的说法较为流行。他们分别是第一殿阎罗秦广王蒋，第二殿楚江王历，第三殿宋帝王余，第四殿五官王吕，第五殿阎罗天子包，第六殿卞城王毕，第七殿泰山王董，第八殿都市王黄，第九殿平等王陆，第十殿转轮王薛。

诸天中阎魔罗王的形象一般为浓眉巨眼的虬髯王者像。在壁画中，常有判官、牛头马面之类，手持毛笔、中式账簿、勾魂牌和锯齿大砍刀等。

二十四诸天之

昭惠真君

Zhao Hui Zhen Jun

东侧北起第十二尊：

此尊造像为青年武士形象，头戴进贤冠，身着战袍，胸前有护甲，战袍腰间有结；脚蹬战靴，双脚分开站立，身躯微倾向前，昂首挺胸，充满动感；面目俊朗，相貌堂堂又不失英武，尽显一身正气。面容表情全神贯注，双目凝视前方，全身蓄势待发，充满活力。

此天或为昭惠真君（杨戬）。

昭惠真君即民间熟悉的二郎神，又名二郎显圣真君、灌口二郎、二郎真君、灌口神、赤城王、昭惠显圣仁佑王、清源妙道真君等。相传他是玉皇大帝的外甥，神通广大，肉身成圣，获玉帝封“英烈昭惠显圣仁佑王”，道号“清源妙道真君”。有劈山救母、助武王伐纣等英勇事迹。在民间，他几乎神通广大，掌管着水利、农耕，防止水灾等，清以前曾被奉为戏神，还被奉为猎神、蹴鞠神、雷神、酒神等。

受《封神演义》影响，二郎神通常叫作杨戬，他力大无穷，武器为三尖两刃枪，有神兽哮天犬相随，额间有第三只神眼，他能七十二变，武功绝伦，是顶天立地的英雄战神。

二十四诸天之

崇宁真君

Chong Ning Zhen Jun

西侧北起第十二尊：

此尊造像为中年武将形象，头顶奢华精美发冠，面容肃穆生威，身着铠甲，脚蹬战靴，双脚分开站立，身躯微倾向前，袖袂迎风飘扬，充满动感；左手置于胸前，手指自然柔顺，形象威武。双目凝视前方，全身充满活力，蓄势待发。雕塑者以精湛的技艺，在塑造人体美的同时，突出力的内在神韵，并以刚直善良的形象使人感到既威武又和蔼可亲。

此天或为崇宁真君（关公）。

在印度佛教中，伽蓝菩萨一般为古代护持佛法的伟大国王，如阿育王等。佛教传入中国后，多用关公作为伽蓝菩萨的代表，中国民间称伽蓝菩萨为伽蓝尊王、伽蓝千岁。

据《七佛八菩萨大陀罗尼神咒经》记载，佛教伽蓝神是保护伽蓝(寺庙)的神。《释氏要览》云："寺院既有十八神护，居住之者，亦宜自励，不得怠惰马非，恐招现报耳。"然而世界上的伽蓝道场无数，区区十八神安能全部守护？该书又云："一切神皆有无数眷属，即是分任守护也无妨。"

北宋时期，道教兴盛，为了扩大影响力，道教把关公引进其神仙体系。另外，信奉道教的宋徽宗又加封关羽为崇宁真君、昭烈武安王、义勇武安王。

关于他的形象，依道经所载："元帅重枣色面，凤眼，三牙须，长髯，一尺八寸，天青结巾，大红朝服，玉束带，皂朝靴，执龙头大刀，有赤兔马随。常用喜容，如臧摄，怒容，自雷门而至。"

后记

Epilogue

打开历史的大门，对人类思想的探索，对古代文化的研究，对先民艺术的品赏，让人不禁生出一种虔诚与敬畏。

铁佛寺造像精美，犹如一座神奇的艺术殿堂，体现出一种对生命和艺术的感悟。在静默的观照中，有一种生命在飞扬，无声无息地叙述着时空中隐藏的神秘讯息，刻画着过往的痕迹。古代工匠创造的伟大，穿透历史震慑着我们的心灵。来瞻仰者，莫不钦肃，五体投地。

2019年，铁佛寺入选第八批全国重点文物保护单位名录。同年，铁佛寺造像的数据扫描与保护工作在中国美术学院副院长王赞的主持下顺利完成。《独冠天下·山西高平铁佛寺造像》一书也在这年出版，三个月内基本销售一空，一度洛阳纸贵。2019年年底，应高平市文物局邀请，“独冠天下”铁佛寺造像摄影展在高平博物馆成功举办，铁佛寺受到广泛的关注与欢迎。近年来，铁佛寺得到更多的保护和宣传，渐渐走入大众的视野。但限于客观条件，不能全面对外开放，为了让更多的人认识、了解铁佛寺，2022年2月，《独冠天下·山西高平铁佛寺造像》再版，上市后读者反响热烈，短时间内便被抢购一空。2023年9月，本书第二次印刷，一年内便又售罄。为满足广大读者的需求，今再次出版。

对于铁佛寺造像断代主要有两种观点：一种是依据正殿明间两侧金柱顶部发现的明代题记，认为作品塑造于明嘉靖十五年(1536)；另一种认为作品塑造年代应与大殿金代题记为同时期，依据是明代题记中的“丹青”不等于雕塑，也可能仅仅指妆銮彩绘。整组彩塑作品雕饰繁复、曲线动荡、造型突兀，有极强的绘画感，从制作手法上看，可能属于金元时期。关于诸天的命名也有诸多不同看法，囿于个人学识，本书并未细论。

面对传统文化的博大精深，吾辈深感学识上的匮乏，只能不断求索，以期精进。书中不妥之处，还望方家指正。更期待更多专业人员，对铁佛寺的造像有更加突破性的研究成果。

最后，感谢恩师金申长期以来对我的悉心栽培和照顾，并欣然为此书题字！感谢范增为之写序！感谢高平市文物局、三晋出版社的支持！感谢本书编辑张婷女士的帮助！感谢各位读者一直以来对南山供秀的关注！

南山禅

2024年9月

参考资料：

张明远《善化寺大雄宝殿彩塑艺术研究》

谢路军《佛教中的二十四诸天》

姬胜利《北京大觉寺诸天造像》

袁志伟《二十四诸天像考辩》

张建军《山西高平铁佛寺彩塑》

图书在版编目（CIP）数据

独冠天下. 山西·高平铁佛寺造像 / 侯楠山著. --太原：三晋出版社，2021.12（2024.9重印）

ISBN 978-7-5457-2361-8

Ⅰ. ①独… Ⅱ. ①侯… Ⅲ. ①佛像－雕塑像－高平－明代－图集 Ⅳ. ①K879.32

中国版本图书馆CIP数据核字(2021)第214724号

独冠天下：山西·高平铁佛寺造像

DUGUANTIANXIA SHANXI GAOPING TIEFOSI ZAOXIANG

著　　者：侯楠山
出　　品：南山供秀
支持单位：高平市文化和旅游局

顾　　问：金申
艺术顾问：范增
策　　划：李琳
责任编辑：张婷
责任印制：李佳音
内容整理：焦雪菁
摄影设计：南山禅
封面书法：黄锟

出 版 者：山西出版传媒集团
　　　　　三晋出版社
地　　址：太原市建设南路21号
电　　话：0351-4956036(总编室)
　　　　　0351-4922203(印制部)
网　　址：http://www.sjcbs.cn

经 销 者：新华书店
承 印 者：北京雅昌艺术印刷有限公司

开　　本：889mm × 1194mm　1/16
印　　张：10
字　　数：90千字
版　　次：2022年2月　第1版
印　　次：2024年9月　第3次印刷
书　　号：ISBN 978-7-5457-2361-8
定　　价：268.00元

问佛 NO.16

如有印装质量问题，请与本社发行部联系　电话：0351-4922268